Doris Hölzel

Salzteig

Hobbykurs für Anfänger und Fortgeschrittene

CIP-Kurztitelaufnahme der Deutschen Bibliothek

Hölzel, Doris:
Salzteig: Hobbykurs für Anfänger und Fortgeschrittene / Doris Hölzel. — Wiesbaden: Englisch, 1985. 4. Auflage 1989
ISBN 3-88140-198-9

© by F. Englisch GmbH & Co Verlags-KG, Wiesbaden.
Fotos: Rainer Unholz, Wiesbaden.
Alle Rechte vorbehalten.
Nachdruck, auch auszugsweise, verboten.
Printed in Germany

Die Ratschläge in diesem Buch sind von Autor und Verlag sorgfältig erwogen und geprüft, dennoch kann eine Garantie nicht übernommen werden. Eine Haftung des Autors bzw. des Verlages und seiner Beauftragten für Personen-, Sach- und Vermögensschäden ist ausgeschlossen.

SALZTEIG

Hobbykurs für Anfänger und Fortgeschrittene

Inhaltsverzeichnis

Vorwort		6
	I. Teil	
1. Schritt:	Wir bereiten den Salzteig zu	7
	Wie wir den Teig färben können	8
2. Schritt:	Unser Arbeitsplatz und die Werkzeuge — alles griffbereit	10
3. Schritt:	Es kann losgehen mit einfachen Gestaltungstechniken	11
	Ausstechen mit Backförmchen	11
	Ausschneiden mit Hilfe von Schablonen	13
	Ausstechen und Verzieren von Ringen	18
4. Schritt:	Verzierungen aus Salzteig	21
	Beeren — Weinreben — Maiskolben	21
	Die Rosette	22
	Äpfel und Birnen	22
	Blätter	23
	Blüten	24
	Rosen	27
5. Schritt:	Schlingen und Flechten	29
	Kränze — Zöpfe — Herzen	29
6. Schritt:	Aufbau auf Grundformen	35
	Körbchen	35
	Bäume	38
7. Schritt:	Menschliche Figuren	42
	Aufbau einer Puppe	42
8. Schritt:	Backen und Bräunen	47
	Wir lernen das richtige Trocknen und Backen	47
	Wir erzielen bestimmte Farbeffekte beim Backvorgang	49
9. Schritt:	Wir greifen zu Pinsel und Farbe	50
	Bemalen und Lackieren	50
	II. Teil	
Wenn es bis hier geklappt hat: Ideen für Fortgeschrittene		51

Vorwort

Ein Teig findet immer mehr Freunde. Keiner den man essen kann, aber einer, mit dem man wunderbar modellieren kann — der Salzteig ist gemeint.

Was macht ihn so beliebt? Die schnelle Zubereitung? Die einfachen Zutaten, die in jedem Haushalt vorrätig sind? Wie dem auch sei, das Modellieren mit Salzteig ist ein wunderschönes Hobby für alle, die ihrer Phantasie und Kreativität einmal so richtig freien Lauf lassen wollen, ohne erst umständliche und teure Vorbereitungen treffen zu müssen.

Damit auch Sie ein Salzteigkünstler werden, führt dieses Hobbybuch Schritt für Schritt in die Kunst des Modellierens mit Salzteig ein. Angefangen vom Rezept, dem Teigfärben, dem idealen Arbeitsplatz mit allen seinen Hilfsmitteln über die verschiedenen Arbeitstechniken bis hin zum richtigen Backen, Bemalen und Lackieren wird alles leicht verständlich in Wort und Bild erklärt. In jedem Kapitel werden besondere Tips und kleine Tricks verraten, die sich in der Praxis bewährt haben.

Alles was Sie dann noch brauchen, ist ein bißchen Fingerfertigkeit, Spaß an kreativer Tätigkeit, etwas Geduld, falls Ihre Figuren nicht auf Anhieb gelingen wollen und viel Phantasie, die immer wieder für neue Ideen sorgen wird. Die Möglichkeiten mit Salzteig sind ungezählt. Deshalb kann das Kapitel ,,Ideen für Fortgeschrittene" auch nur Anregung für Sie sein. An dieser Stelle möchte ich mich bei Frau Ulrike Schatz, Wiesbaden, bedanken, die für das Kapitel ,,Ideen für Fortgeschrittene" die Motive geliefert hat sowie bei Herrn Rainer Unholz, Wiesbaden, der sämtliche Fotos im Innenteil dieses Buches ,,geschossen" hat.

Doris Hölzel

I. Teil

1. Schritt: Wir bereiten den Salzteig zu

Die Zutaten:
2 Tassen einfaches Weizenmehl (Type 405)
2 Tassen preiswertes Salz (nicht zu grobkörnig)
1 Tasse Wasser
1/2 — 1 Eßlöffel Tapetenkleister in Pulverform (Menge je nach Größe Ihrer Tasse)

Mischen Sie die trockenen Zutaten, also Mehl, Salz und Tapetenkleister, in einer Schüssel. Die Größe der Tasse spielt dabei keine Rolle. Sie müssen nur das Mehl und das Salz mit derselben Tasse abmessen, damit das Verhältnis stimmt. Dann kommt das Wasser dazu.

Der besondere Rat: Gießen Sie nicht die ganze Tasse Wasser auf einmal hinein, sondern nach und nach und kneten dabei immer wieder gut durch.

Es ist durchaus möglich, daß Sie sogar weniger als 1 Tasse Wasser

benötigen, denn auch die Wärme Ihrer Hände und die Raumtemperatur (ideal wären circa 20° C) beeinflussen die Konsistenz Ihres Teigs.

Schmeißen Sie jetzt aber bitte nicht alles hin, nur weil Ihre Raumtemperatur nicht stimmt. Wenn der Teig doch zu feucht geraten ist und an den Händen kleben bleibt, fügen Sie noch etwas Mehl hinzu und kneten gut durch. Achten Sie darauf, daß keine Mehlklumpen entstehen. Ist der Teig zu trocken und krümelig, müssen Sie mit Wasser ausgleichen. Auch jetzt Vorsicht: Nur geringe Mengen und immer wieder gut durchkneten. Unser Ziel ist ein modellierbarer, griffiger, geschmeidiger Teigklumpen, bei dem sich alle Zutaten gut miteinander verbunden haben — ähnlich wie Mürbeteig.

Der besondere Rat: Teigreste können Sie, in Alufolie eingewickelt, einige Tage aufbewahren.

Noch ein Wort zur Bedeutung des Tapetenkleisters:
Einerseits macht er Ihren Teig geschmeidig und haltbar, andererseits verleiht er ihm Festigkeit und Stand. Beides Eigenschaften, die besonders dann wichtig sind, wenn Sie sich später einmal an kompliziertere Motive heranwagen, bei denen es darauf ankommt, daß zum Beispiel schwungvoll modellierte Hüte und Röcke auch so schwungvoll bleiben und nicht zusammenfallen. Verzichten Sie also gerade dann nicht auf den Tapetenkleister.

Wie wir den Teig färben können

Mit diesem Teig können Sie nun gleich anfangen zu modellieren und dann später beim Backen bestimmte Brauntöne erzielen oder — wenn Sie es bunt mögen — das fertige Motiv nach dem Backen und Auskühlen noch bemalen. Der Teig kann aber auch schon vor dem Modellieren gefärbt werden. Gut geeignet für diesen Zweck ist *Lebensmittelfarbe*. Man gibt sie tropfenweise in den fertigen Teig und knetet so lange durch, bis der Teigklumpen eine gleichmäßige Farbe angenommen hat.

Sehr schöne Brauntöne erzielen Sie auch mit *Kakao, Zimt* oder *Instantkaffee*. Lösen Sie diese Zutaten in etwas Wasser auf, bevor sie dem Teig beigemengt werden.

Beim Teigfärben müssen Sie sich vorher überlegen, ob Sie die gesamte Salzteigmenge in einer bestimmten Farbe haben wollen. Wenn nicht, machen Sie sich entsprechende Portionen für die verschiedenen Farben. Sehr hübsch wirken kombinierte Motive aus ungefärbtem und gefärbtem Teig.

Einen schönen „satten" Braunton erzielen Sie durch circa 2 gestrichene Teelöffel Zimt, die in der erforderlichen Tasse Wasser aufgelöst werden; ansonsten Zutaten und Zubereitung wie schon beschrieben.

Der besondere Rat: Ein ganz aparter, marmorierter Effekt ergibt sich, wenn Sie unter den fertigen Salzteig etwas *trockenen* Instantkaffee mischen — diesmal ausnahmsweise nicht so fest durchkneten, sondern locker einarbeiten, nur so fest, daß sich zwar das Kaffeepulver mit dem Teig verbindet, die Marmorierung jedoch erhalten bleibt.

Eins müssen Sie bei Motiven aus gefärbtem Salzteig bedenken:

Die Backtemperatur darf 125° C nicht überschreiten, da sich sonst die Farben verändern. Wenn die Intensität der Farbe trotz vorsichtigem Backvorgang doch etwas nachgelassen haben sollte — keine Sorge — das spätere Lackieren bringt sie wieder voll zur Geltung. Als Anfänger sollten Sie jedoch erst einmal mit dem naturbelassenen Salzteig arbeiten, um alle weiteren Arbeitsabläufe einzuüben (der Backvorgang beim naturbelassenen Salzteig ist zum Beispiel ein etwas anderer), bevor Sie sich mit gefärbtem Teig versuchen.

Ungefärbter und mit Zimt gefärbter Teig kombiniert

marmoriert

mit Zimt gefärbt

2. Schritt:
Unser Arbeitsplatz und die Werkzeuge — alles griffbereit

Der Salzteig wäre nun also fertig und wir können darangehen, unseren Arbeitsplatz einzurichten. Wenn Ihr Küchentisch nicht gerade Ihr bestes Stück ist, einfach einen Bogen Backpapier darauf ausbreiten und es kann losgehen. Sie können aber auch erst ein großes Holzbrett unterlegen oder ein paar Lagen Zeitungspapier. Bei größeren, schwierigeren Motiven empfiehlt es sich, gleich auf dem Backblech zu arbeiten, damit Ihr Kunstwerk unbeschadet direkt in den Backofen geschoben werden kann.

> **Der besondere Rat:** Arbeiten Sie in jedem Fall immer auf Backpapier. Ihre Motive behalten eine schöne glatte Rückseite und lassen sich mühelos ablösen.

Die folgenden Hilfsmittel und Werkzeuge benötigen Sie bei Ihren ersten Versuchen natürlich nicht alle, aber Sie bekommen gleich einen Eindruck, mit was alles gearbeitet werden kann. Andererseits ist die Liste auch nicht vollständig, denn wenn es Sie erst einmal gepackt hat, werden Sie selbst in Ihrer Küche oder im Werkzeugkasten stöbern

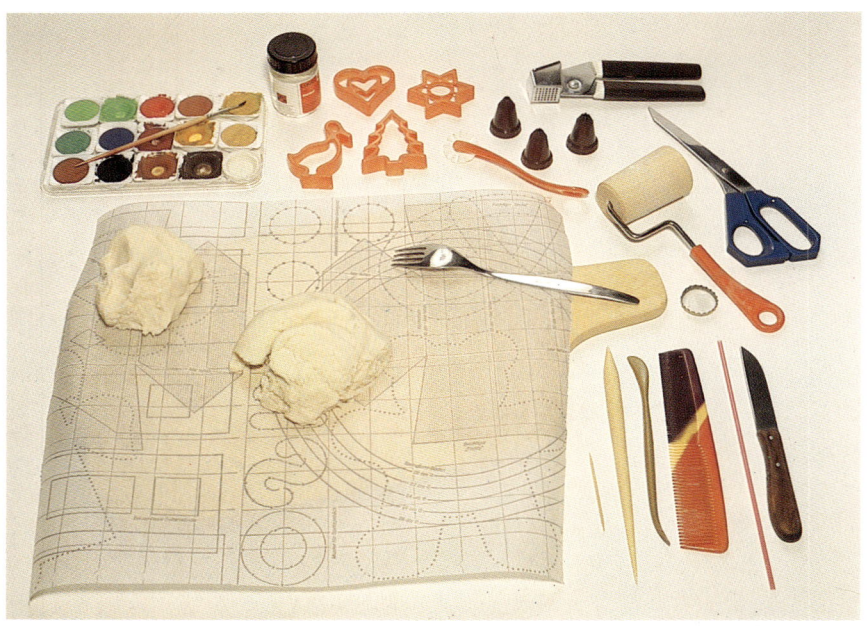

und immer wieder neue Hilfsmittel für Ihre Salzteigarbeiten entdecken.
- Wellholz
- Backförmchen
- spitzes Küchenmesser
- Modellierstäbchen (im Bastlergeschäft erhältlich)
- Zahnstocher, Schaschlikspieß, Strohhalm
- Flaschenschraubverschluß, Kronkorken
- Spritzbeuteltüllen
- Topfdeckel, Gläser usw. (zum Ausstechen von Kreisen)
- Knoblauchpresse
- Kamm
- Kaffeesieb
- Gabel
- Lineal
- Zackenschere
- Gewürze, Trockenblumen usw. (zum Verzieren)
- Pinsel, Farben, Klarlack
- Bänder, Bildaufhänger, Wandtellerhalter, aufgebogene Büroklammern oder feiner Bindedraht (zum Aufhängen der Motive).

3. Schritt:
Es kann losgehen mit einfachen Gestaltungstechniken

Ausstechen mit Backförmchen
Rollen Sie den Teig mit dem Wellholz circa 1/2 cm dick aus und drücken die Backförmchen hinein, schön eng nebeneinander — wie bei der Weihnachtsbäckerei. Für kleine Kreise nehmen Sie einfach ein Schnapsgläschen, falls Sie eine solche Ausstechform nicht haben. Stechen Sie mit dem Zahnstocher oder Schaschlikspieß in der oberen Mitte ein Loch aus, wenn Sie später ein Bändchen zum Aufhängen durchziehen wollen. Sie können natürlich auch nachträglich einen Bildaufhänger ankleben.

Beim Verzieren der ausgestochenen „Salzteigplätzchen" können Sie schon Ihre Kreativität unter Beweis stellen. Hilfsmittel dafür haben Sie genug. Punkten Sie mit dem Zahnstocher oder Strohhalm am Rand entlang oder punkten Sie ein strahlenförmiges Muster. Stechen Sie in der Mitte ein kleines Loch aus. Setzen Sie einen mit einem Kronkorken separat ausgestochenen kleinen Kreis auf oder drücken Sie die Spritzbeuteltüllen in den Teig, die ein niedliches Sternmuster ergeben.

Erlaubt ist hier auch, was man bei der Butter niemals darf: „Geh'n Sie mal mit dem Kamm drüber." Entweder drücken Sie die Spitzen in den Teig — viele gleichmäßige punktförmige Vertiefungen sind das Ergebnis, oder pressen Sie den Kamm flach auf den Teig, nicht ziehen — schon hat Ihr Motiv gleichmäßige Rillen. Einen ähnlichen Effekt er-

zielen Sie auch mit der Gabel. So verzierte Teigplätzchen eignen sich auch sehr gut als Dekoration für größere Ringe und Kränze.

Sie können auch kleine Trockenblümchen in den Teig drücken oder mit Gewürzen verzieren. Nelken, Maiskörner, Sternanis, Sonnenblumen- oder Kürbiskerne, Wachtelbohnen, um nur einige zu nennen, ergeben sehr effektvolle Dekorationen.

> **Der besondere Rat:** Damit die Gewürze nach dem Backen nicht wieder herausfallen, die Teigfläche befeuchten und die Gewürze fest eindrücken.

Befeuchten heißt nicht durchtränken. Achten Sie auch bitte darauf, daß beim Teigbefeuchten immer die gesamte Fläche bestrichen wird. Sie vermeiden so, daß beim Backen unterschiedliche Bräunungen durch Wasserflecke entstehen.

Beim Mitbacken von Trockenblumen und Gewürzen gilt, wie schon beim gefärbten Teig: Backtemperatur nicht höher als 125° C, da sonst die Farben leiden.

Hübsch, bunt und ein bißchen glitzernd können Sie Ihre Salzteiganhänger auch verzieren, wenn Sie *nach* dem Backen und Lackieren sofort auf den noch feuchten Lack bunte Zuckerkristalle streuen und mit dem Lack antrocknen lassen. Diese Zuckerkristalle gibt es in verschiedenen Farben zum Verzieren von Torten und Kuchen.

Bei einigen unserer Anhänger wurde Ihrem Können schon etwas vorgegriffen, um Ihnen zu zeigen, wie hübsch Verzierungen aus Teig wirken. Es gibt eine Fülle von Möglichkeiten, Beeren, Rosetten, Rosen, Phantasieblüten und Blätter auf den ausgestochenen Formen zu arrangieren. Lesen Sie die Arbeitstechniken bitte unter den entsprechenden Kapiteln nach.

Je nach der Art des Backförmchens und der Verzierung bieten sich unzählige Verwendungsmöglichkeiten für diese kleinen Anhänger: Weihnachtsschmuck, Osterschmuck, Geschenkanhänger, Glücksbringer, Buntes und Lustiges für den Kindergeburtstagstisch oder ausgefallener Vasenschmuck an bizarren Zweigen, die Sie entweder mit Deco-Spray färben oder „natur" belassen.

Ausschneiden mit Hilfe von Schablonen

Das Arbeiten mit Schablonen ist immer dann angebracht, wenn ein Ausschneiden aus freier Hand keine genauen Vorlagen liefert. Hauptsächlich bei Häusern, Tieren, Bäumen, Puppen oder Fensterrahmen empfiehlt es sich, vorher eine Schablone aus Pappe anzufertigen. Am Ende dieses Buches finden Sie einige Vorlagen. Ihrer Phantasie sind jedoch auch hier keine Grenzen gesetzt. Sie können sich zum Beispiel nach entsprechenden Vorlagen eine ganze Häuser-Serie zusammenstellen: Friesenhäuser, Schwarzwaldhäuser, Fachwerkhäuser usw. Oder hängen Sie sich ein ganzes Dorf an die Wand, das Sie nach eigenen Vorstellungen gruppieren: die Kirche als Mittelpunkt, rundherum größere und kleinere Häuser und Bauernhöfe und dazwischen Bäume, Sträucher, Tiere, Zäune und menschliche Figuren zur Abrundung des Bildes. So etwas entsteht natürlich nicht an einem Tag. Gestalten Sie die einzelnen Motive nach und nach — lassen Sie Ihr Dorf wachsen.

> **Der besondere Rat:** Zeichnen Sie bei Schablonen für Häuser die Fenster und Türen mit ein und schneiden diese anschließend aus. Diese Maßnahme wird Ihnen das weitere Vorgehen erleichtern.

Rollen Sie Ihren Salzteig mit dem Wellholz circa 1/2 cm dick aus und legen die Schablone auf den Teig. Mit einem spitzen Küchenmesser schneiden Sie nun am Schablonenrand entlang. Nehmen Sie dann die Schablone vorsichtig vom Teig herunter und streichen die Schnittkanten mit etwas Wasser und dem Modellierstäbchen sorgfältig glatt.

Handelt es sich um Schablonen mit ausgeschnittenen Fenstern und Türen, wie bei unserem Dorf, lassen Sie diese bitte noch auf dem Teig liegen. Punkten Sie jetzt mit dem Zahnstocher die Linien der ausgeschnittenen Fenster und Türen nach — bitte nicht ziehen. Bei größeren Flächen können Sie auch das Modellierstäbchen nehmen. Zahnstocher, Schaschlikspieß oder ähnliches ermöglichen jedoch gerade bei kleinen Fenstern, eventuell noch mit Fensterläden, ein genaueres Arbeiten. Durch das Punkten quillt der Teig etwas hoch und das Ganze wirkt viel plastischer, als wenn Sie die Fenster später nur aufmalen würden. Wenn Sie damit fertig sind, können Sie die Schablone herunternehmen und die Schnittkanten glattstreichen. Jetzt drücken Sie mit dem Lineal oder Modellier-

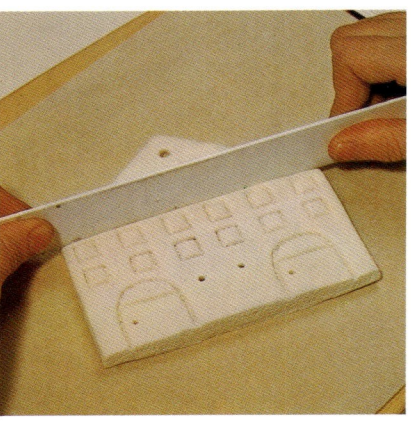

Mit dem Lineal werden die Abgrenzungslinien eingedrückt.

stäbchen die Abgrenzungslinien für das Dach, den Sockel (falls vorhanden), die Flügel der Mühle und zwischen Kirchturm und Kirchenschiff ein.

Die Struktur des Gebüsches rechts und links neben der Kirche entsteht durch Eindrücke der Fingerkuppe Ihres kleinen Fingers. Zusätzlich können Sie den Teig noch mit dem Zahnstocher aufrauhen. Das Dach können Sie ebenfalls auf diese Art aufrauhen oder Längsrillen mit dem Modellierstäbchen hineindrücken. Löcher für die Türgriffe oder kleine „Guckfenster" drücken Sie mit dem Zahnstocher in den Teig.

Der besondere Rat: Bei Motiven wie der Kirche genügt ein Loch in der oberen Mitte zum Durchziehen des Bändchens nicht. Das Gleichgewicht stimmt nicht und Sie würden schier verzweifeln beim Versuch, die Kirche zum geraden Hängen zu bringen. Machen Sie in solchen Fällen 2 Löcher, oben rechts und links, dann können Sie beim Aufhängen besser ausbalancieren.

Den Zaun können Sie beliebig lang machen. Legen Sie die gewünschte Anzahl Zaunlatten nebeneinander und setzen oben die Spitze an. Falls nötig, korrigieren Sie mit dem Modellierstäbchen. Für die Querlatte schneiden Sie einen schmalen Teigstreifen zurecht, den Sie quer über die Zaunlatten legen. Anschließend den Teig leicht befeuchten und Pimentkörner hineindrücken.

Für die Sträucher rollen Sie eine größere Kugel und drücken diese mit dem Handteller bis auf circa 1 cm platt. Nun drücken Sie nach Herzenslust mit den Fingerkuppen in den Teig hinein und rundherum von außen dagegen, bis Ihnen Ihr Strauch gefällt. Auch hier können Sie zusätzlich noch mit dem Zahnstocher aufrauhen oder kleine Teigkügelchen als Verzierung anbringen.

Unsere Dorfkatze wurde ebenfalls nach Schablone ausgeschnitten — bis auf den

Strauch: In eine plattgedrückte Kugel wird hinein- und von außen dagegengedrückt.

Schwanz. Diesen modellieren Sie bitte separat aus einem dünneren Teigwürstchen und legen ihn an den Katzenkörper an. Die Übergangsstelle etwas verstreichen.
Die Entstehung des Baumes lesen Sie bitte im Kapitel „Bäume" nach.

Das Fachwerkhaus entstand in seiner Grundform ebenfalls mit Hilfe einer Schablone. Für das Fachwerk rollen Sie sich kleine Teigwürstchen und ordnen diese dementsprechend an. Sie können sich die Einteilung des Fachwerks auch erst einmal auf der Grundform des Hauses einritzen, bevor Sie die Teigwürstchen endgültig auflegen. Auf unserer Abbildung wurde mit Zimt gefärbter Teig genommen, um auf dem naturbelassenen Salzteig einen schönen Kontrast zu erzielen.

Viel Spaß macht es, sich immer wieder andere Dekorationen für die Fensterrahmen einfallen zu lassen. Bei unserem Beispiel wurde rustikale Spitze als Gardine angeklebt und eine dicke Katze hat sich gemütlich neben einem Topf mit Trockenblümchen niedergelassen. Achten Sie bitte darauf, daß alles, was Sie in den Fensterrahmen stellen möchten, genauso dick sein muß wie der Rahmen selbst. Unsere dicke Katze zum Beispiel liegt nicht direkt *im* Rahmen, sondern halb *auf* dem Rahmen. Damit sie auch dann noch eine gute Figur

macht, wurden Körper und Kopf auf der Rückseite mit etwas Teig abgestützt, um den entstandenen Hohlraum zu füllen.

> **Der besondere Rat:** Für Klebearbeiten hat sich Fingerkleber als sehr geeignet erwiesen. Er ermöglicht sauberes Arbeiten ohne Schmieren und Klecksen und ist in jedem Bastlergeschäft erhältlich.

Ausstechen und Verzieren von Ringen

Rollen Sie Ihren Salzteig wieder circa 1/2 cm dick aus. Je nach der gewünschten Größe des Ringes stechen Sie nun mit einem Kochtopfdeckel einen Kreis aus. Für die Mitte können Sie zum Beispiel eine Dessertschale nehmen. Kleinere Ringe entstehen durch die Kombination Dessertschale — Schnapsgläschen. Diese Angaben sollen natürlich nur Anregungen für Sie sein. Sie werden für Ihre Ringe sehr bald Ihre eigenen Hilfsmittel zum Ausstechen herausfinden. Wenn Sie Ihr Küchengeschirr nicht zu Hilfe nehmen wollen, fertigen Sie sich Schablonen an, die Sie in schon bekannter Weise ausschneiden. Die Schnitt- bzw. Ausstechkanten wieder mit etwas Wasser und dem Modellierstäbchen glattstreichen.

Der besondere Rat: Wenn sich beim Hantieren auf Ihre Salzteigarbeiten einmal Teigkrümelchen verirren sollten, bitte mit einem Pinsel entfernen. Sie vermeiden unschöne Unebenheiten, die durch das Mitbacken entstehen.

Jetzt liegt also der ausgestochene, glattgestrichene Ring vor Ihnen und Sie können mit dem Verzieren beginnen. Alle bis jetzt bekannten Hilfsmittel und Gestaltungsmöglichkeiten können Sie schon anwenden. Ordnen Sie ausgestochene und verzierte Salzteigplätzchen an, oder, wenn Sie es schlicht mögen, drücken Sie in den glatten Ring nur die Spritzbeuteltüllen mit dem Sternchenmuster.

Trockenblümchen und Gewürze ergeben ebenfalls sehr hübsche Dekorationen. Einer unserer Ringe ist zum Beispiel mit Sternanis, Nelken, Pimentkörnern und Kürbiskernen verziert worden. Mit einem farblich abgestimmten Band haben Sie ohne viel Aufwand einen rustikalen Wandschmuck für die Küche.

Der besondere Rat: Für das Eindrücken von Gewürzen empfiehlt sich eine spitze Pinzette. Besonders bei kleinen, schlecht faßbaren Formen (Pimentkörner, Senfkörner, Pfefferkörner usw.) wird das Arbeiten sehr erleichtert.

Sie werden selbst bemerken, daß durch das feste Eindrücken der Gewürze der Teig nach den Seiten etwas wegquillt. Gerade bei der Ringform macht sich das unter Umständen unangenehm bemerkbar. Vorsichtiges Korrigieren mit dem Modellierstäbchen bringt die Ringform jedoch wieder in Ordnung.

Eine hübsche Variante ergibt sich, wenn Sie wieder Kamm oder Gabel in Aktion treten lassen. Damit die Plättchen alle gleich groß sind, stechen Sie mit der entsprechenden Spritzbeuteltülle eine gewisse Anzahl aus und drücken mit dem Kamm oder der Gabel (bei unserem Ring war es die Gabel) die Rillen hinein. Anschließend versetzt auf den Ring legen.

Der Kerzenring mit der grünen Kerze blieb ausnahmsweise ohne jede Dekoration, um nicht von der effektvollen Marmorierung abzulenken. Allerdings bleibt es Ihnen überlassen, auch hier dezente Verzierungen anzubringen.

Für den Kerzenhalter mit dem Teelicht rollen Sie eine Teigkugel in der Größe eines Apfels und legen diese dann auf ihre Arbeitsfläche. Modellieren Sie eine Halbkugel und drücken ein Teelicht hinein. Diesen Kerzenhalter können Sie jetzt zum Beispiel wieder mit den Rillenplättchen verzieren. Beginnen Sie unten mit der versetzten Anordnung.

durch die Knoblauchpresse direkt auf Ihren ausgestochenen Ring. Wenn die Teignüdelchen einmal nicht ganz so fallen, wie es Ihnen gefällt, helfen Sie vorsichtig mit dem Modellierstäbchen nach. Zusätzlich können Sie auch noch einige Blüten und Blätter anbringen.

Der besondere Rat: Diese Teig-Spaghetti aus der Knoblauchpresse eignen sich auch sehr gut zur Gestaltung von Haaren, zotteligen Tierfellen oder Baumkronen.

Für die obere Reihe legen Sie die Plättchen leicht über Ihren Finger, damit sie sich etwas wölben. Dann vorsichtig um das Teelicht herum anbringen und die Wölbung mit dem Modellierstäbchen noch etwas korrigieren. Wenn Ihr Teig nicht zu feucht ist, werden Sie keine Schwierigkeiten damit haben. Statt des Teelichts können Sie natürlich auch eine andere hübsche Kerze verwenden.
Eine ganz besondere Wirkung erzielen Sie, wenn Sie Ihren Ring mit Teig-Spaghetti verzieren. Drücken Sie dafür den Salzteig

Mögen Sie Häkelbilder? Dann machen Sie sich doch die Rahmen einmal selbst, indem Sie einen schmalen Ring in beliebiger Größe ausstechen. Arbeiten Sie bitte ganz besonders genau und streichen die Kanten sorgfältig glatt, damit Ihr Rahmen schön gleichmäßig wird. Nach dem Backen auskühlen lassen und ein hübsches Häkeldeckchen von hinten dagegenkleben.
Wenn auf Ihrem Ring Rosen und Margeriten blühen sollen oder ein reich mit Blättern, Beeren, Rosetten und Äpfeln verzierter Kerzenring entstehen soll, müssen Sie noch etwas üben und vor allen Dingen die folgenden Kapitel lesen.

4. Schritt: Verzierungen aus Salzteig

Beeren — Weinreben — Maiskolben

Nachdem uns jetzt Verzierungen durch Eindrücken von Gegenständen und Dekorationen mit Gewürzen und Trockenblumen geläufig sind, können wir uns allmählich daranmachen, Verzierungen aus Salzteig zu modellieren, die wir dann auf Kränzen, Zöpfen, Ringen, Kerzenhaltern oder ausgestochenen Anhängern arrangieren. Fangen wir mit den *Beeren* an. Sie sind wirklich kinderleicht und dabei unglaublich vielseitig.

Rollen Sie ein winzig kleines Kügelchen und stechen oben mit dem Zahnstocher ein Loch hinein — fertig ist die Beere.

Eine von vielen Verwendungsmöglichkeiten ist die Gestaltung einer *Weinrebe*. Rollen Sie dafür die Kügelchen ein klein wenig größer, ohne Loch, und gruppieren diese aneinander. Ein kleines Teigwürstchen setzen Sie oben als Stiel an.

Noch natürlicher und echter wirkt die Weinrebe, wenn die Kügelchen nicht nur nebeneinander, sondern auch aufeinander gelegt werden.

Auch ein *Maiskolben* läßt sich mit den Beeren modellieren. Rollen Sie wieder etwas kleinere Kügelchen und legen diese schön dicht nebeneinander. Für die Deckblätter rollen Sie den Teig ziemlich dünn aus (circa 2 mm) und schneiden mit einem spitzen Küchenmesser 2 mondsichelförmige Blätter aus, die Sie mit Längsrillen versehen und rechts und links auf den Maiskolben legen. Als Stiel dient wieder ein kurzes Teigwürstchen, das Sie auch noch etwas aufrauhen können.

Sie sehen selbst: kleine Kugel — große Wirkung.

Größere und kleinere Beeren um eine Rosette gruppiert, ergeben schon eine sehr dekorative Phantasieblüte.

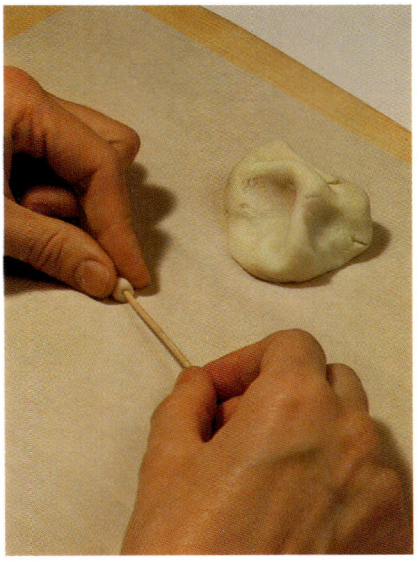

Beere: In ein winzig kleines Kügelchen wird in die Mitte ein Loch gestochen.

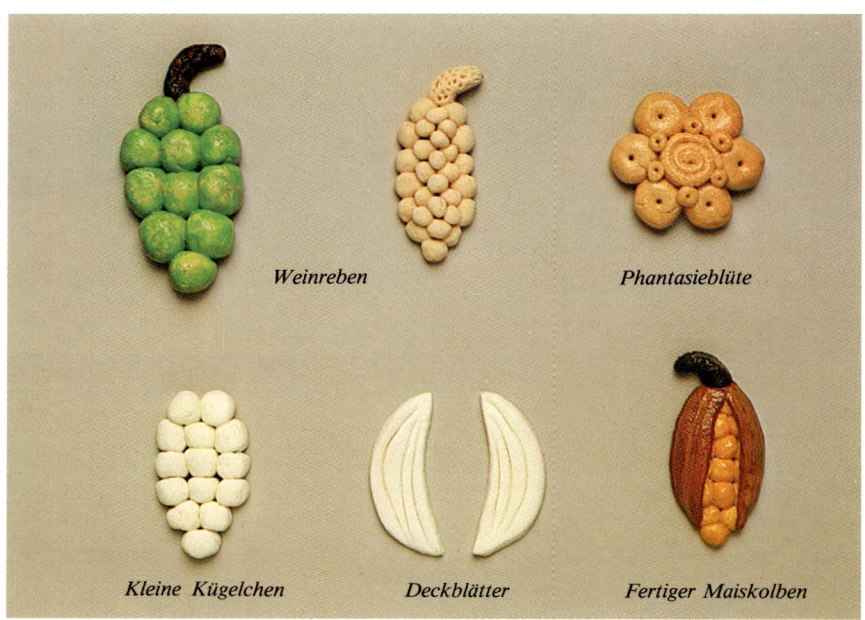

Weinreben *Phantasieblüte*

Kleine Kügelchen *Deckblätter* *Fertiger Maiskolben*

Ein plattgedrücktes Teigwürstchen wird zur Rosette aufgerollt.

Die Rosette

Womit wir schon bei der nächsten Verzierung aus Salzteig wären. Auch die Rosette bereitet keine großen Schwierigkeiten, ist aber um so wirkungsvoller. Formen Sie ein Teigwürstchen von circa 5 cm Länge und drücken es platt. Dann von einer Seite her aufrollen.

Äpfel und Birnen

Da Sie jetzt gerade so schön beim Kugeln und Rollen sind, formen Sie wieder eine größere Kugel, drücken oben eine kleine Vertiefung hinein, in die Sie einen Nelkenstiel stecken. Fertig wäre ein

Apfel. Noch besser wäre es, wenn Sie einen echten Apfelstiel hätten. Schauen Sie doch einmal in Ihrem Obstkorb nach. Diese echten Apfelstiele lassen sich problemlos mitbacken. Für die Apfelblüte können Sie zusätzlich noch eine Gewürznelke in den Teig drücken.

Wenn Ihnen der Sinn mehr nach *Birnen* steht, gehen Sie in der gleichen Weise vor, arbeiten dann nur nach oben hin das Birnenoval heraus.

Blätter

Für die Grundform rollen Sie wieder die unvermeidliche kleine Teigkugel und drücken diese platt. Mit Zeigefinger und Modellierstäbchen formen Sie das Blattoval und drücken die Blattadern ein. Man kann das Blatt nun so „platt" lassen oder es etwas „stellen". Dafür drücken Sie mit Daumen und Zeigefinger die Blattspitze zusammen.

Sehr wirkungsvoll sind Weinblätter, die Sie auch mit der schon beschriebenen Weinrebe kombinieren oder allein als aparten Wandschmuck verwenden können.

Auch als ausgefallener Kerzenhalter kann sich das Weinblatt sehen lassen. Drücken Sie mit der Kerze, die Sie später verwenden wollen, an der gewünschten Stelle eine Vertiefung in den Teig

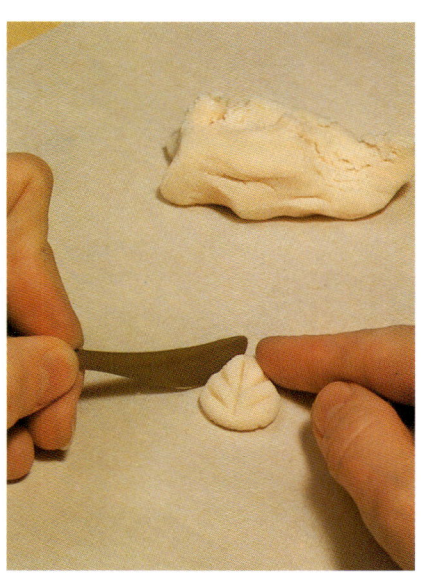

Aus einer plattgedrückten Kugel wird das Blattoval geformt.

Mit Daumen und Zeigefinger wird die Blattspitze zusammengedrückt.

und verzieren Sie mit einem kleineren Weinblatt und einer Weinrebe.

Ob Sie für diese Blattform zunächst eine Schablone anfertigen oder sich zutrauen, gleich aus freier Hand auszuschneiden, bleibt Ihrem Geschick überlassen. Für den Anfänger, oder wenn Sie mehrere gleich große Blätter benötigen, empfiehlt sich allerdings eine Schablone.

Blüten

Ganz gleich ob Sie versuchen möglichst naturgetreu zu gestalten oder mal so richtig „phantasieren" wollen — das Modellieren von Blüten ist ganz besonders reizvoll. Es erfordert zwar manchmal schon ein bißchen mehr Fingerfertigkeit und Geduld, ermöglicht Ihnen aber auch wunderschöne Dekorationen. Beginnen wir mit der einfachen Margerite. Formen Sie 5 Blätter (wie im Kapitel „Blätter" beschrieben), die Sie oben an der Spitze etwas zusammendrücken.

Statt Blattadern drücken Sie mit dem Zahnstocher kleine Punkte in den Teig. Nun legen Sie die 5 Blütenblätter kreisförmig zusammen und drücken in die Mitte ein kleines Teigkügelchen.

Als Grundform für hübsche Blüten können auch runde Teigplättchen dienen. Stechen Sie 3 sol-

Margerite aus 5 Blättern

Blüte aus 3 versetzten Teigplättchen

Blüte aus 4 (oder auch 5) zusammengedrückten Teigplättchen

Kelchblüte mit Blütenstempeln

Blüten aus einer plattgedrückten Kugel.

cher Plättchen aus und legen diese versetzt aneinander.

Der besondere Rat: Drücken Sie zusätzlich in die Mitte des kleinen Teigkügelchens farbige Blütenstempel, die sich ohne Schwierigkeiten mitbacken lassen. Erhältlich in allen Variationen in jedem gutsortierten Bastlergeschäft.

Legen Sie sich dieses Blütengebilde mit Hilfe des Modellierstäbchens auf die Fingerkuppen und drücken mit dem kleinen Finger der anderen Hand in die Mitte, während die Fingerkuppen leichten Gegendruck ausüben. Die Blüte wirkt durch diesen kleinen Kniff viel natürlicher und liegt

Drei runde Teigplättchen werden versetzt aneinander gelegt.

nicht platt auf. In die Mitte wird wieder ein kleines Teigkügelchen gedrückt. Stöhnen Sie jetzt nicht, es liest sich viel komplizierter als es ist.

Am besten modellieren wir gleich anschließend eine Art Kelchblüte, da die Arbeitstechnik ähnlich ist. Rollen Sie eine kleine Teigkugel und legen sich diese wieder auf die Fingerkuppen. Mit dem kleinen Finger der anderen Hand drücken Sie nun leicht in die Kugel hinein, während wieder Gegendruck ausgeübt wird. Zum Schluß biegen Sie die Ränder schwungvoll zurecht.

Wenn die Rückseite der Kelchblüte zu lang geworden ist, einfach abschneiden oder vorsichtig abdrehen. Unsere Kelchblüte wurde zusätzlich mit den schon erwähnten Blütenstempeln verziert. Sie können aber auch wieder ein kleines Teigkügelchen hineindrücken oder die Blüte „in der Mitte ohne" lassen.

Verlieren Sie nicht die Geduld, wenn die Blüten nicht auf Anhieb klappen — ein paarmal probiert und Sie haben garantiert den Bogen raus.

Wieder ganz einfach zu modellieren ist unsere nächste Blüte. Stechen Sie 4 (oder auch 5) runde Teigplättchen aus, unten leicht zusammendrücken und kreisförmig anordnen. Ein kleines Teigkügelchen in die Mitte setzen — fertig.

4 oder 5 Teigplättchen werden unten leicht zusammengedrückt und kreisförmig angeordnet.

Auch unser letztes Blütenbeispiel ist nicht sehr schwierig, dafür um so dekorativer.

Rollen Sie eine Teigkugel (die Größe richtet sich wie bei allen Blüten nach der von Ihnen gewünschten Blütengröße), die Sie anschließend plattdrücken (es muß nicht genau kreisrund ausfallen). Dann rollen Sie diese Teigscheibe gleichzeitig mit dem Zeigefinger von oben und dem Daumen von unten gegeneinander, ebenso gehen Sie anschließend von rechts und links vor.

Die letzten schwungvollen Feinheiten, wenn überhaupt erforderlich, arbeiten Sie vorsichtig mit den Fingerspitzen heraus. Kombiniert mit Blättern und farblich

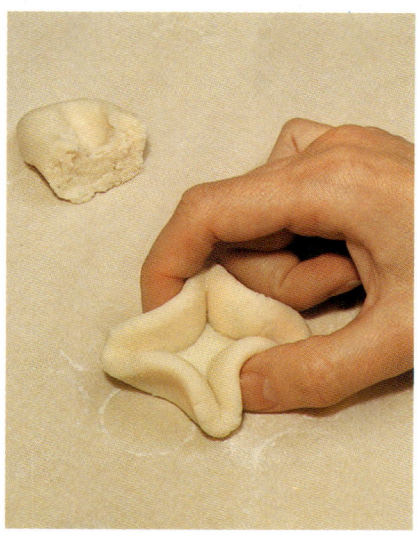

Eine plattgedrückte Teigkugel wird gleichzeitig von oben und unten, anschließend von rechts und links gegeneinandergerollt.

abgestimmt auf Ihr Porzellan sind diese Blüten auch ein ganz besonderer Tischschmuck.
Die hier gezeigten Blütenbeispiele sollen nur Anregungen für Sie sein, mit Hilfe der Grundformen (Blätter, runde Teigplättchen, Kugeln, Beeren) und nach Beherrschung der Arbeitstechnik, selbst zu experimentieren und ähnliche oder auch ganz andere Blüten zu gestalten. Wie schon zu Anfang dieses Kapitels erwähnt — ,,phantasieren'' ist hier erlaubt oder noch besser: es ist unbedingt erforderlich.

Rosen

Der ,,Königin der Blumen'' wurde ein extra Kapitel gewidmet, was aber nicht heißen soll, daß sie ganz besonders schwierig zu modellieren ist.

Eine relativ einfache Methode, eine Rose herzustellen, ist das Aufrollen eines Teigstreifens wie bei der Rosette. Schneiden Sie sich einen Teigstreifen von circa 8 cm Länge und 1 cm Breite zurecht. Die cm-Angaben müssen Sie nicht pingelig genau einhalten. Sie sollen lediglich Anhaltspunkte für Sie sein. Bei einer kreativen, gestaltenden Tätigkeit ist es ohnehin nicht sinnvoll, zu messen, zu wiegen und dergleichen. Es behindert nur die Spontaneität und das Fingerspitzengefühl und verleitet zum sturen Kopieren. Die Größe Ihrer Rose bestimmen letztlich Sie. Diesen Teigstreifen rollen Sie nun von einer Seite her auf, am Anfang fester, gegen Ende etwas lockerer. Den äußeren Rand kann man zusätzlich vorsichtig nach außen biegen.

Die zweite Methode erfordert etwas mehr Geschick, doch die Mühe lohnt sich. Sie beschert Ihnen eine ganz naturgetreue Rose. Die Grundform bilden runde Teigplättchen, die auch hier wieder die Blütenblätter darstellen. Stechen Sie sich im ersten Arbeitsgang gleich eine gewisse Anzahl aus. Eines dieser Plättchen rollen Sie zur ,,Kleinstrosette'' auf. Sie bildet die Blütenmitte. Nun nehmen Sie ein weiteres

Teigplättchen, legen es unten an die Rosette an und biegen es oben leicht nach außen. Ein zweites und drittes Plättchen ordnen Sie versetzt um die Mitte an. Mit den Außenblättern verfahren Sie genauso; jeweils versetzt unten anlegen und oben leicht nach außen biegen. Die Größe der Rose wird durch die Größe und Anzahl der verwendeten Teigplättchen bestimmt. Sie können auch kombinieren: innen um die Mitte herum kleinere Blütenblätter, außen größere. Je dünner die Teigplättchen sind, desto filigraner wirkt die Rose.

Es ist nicht so entscheidend für das Gelingen der Rose, daß die Blütenblätter haargenau kreis-

Rose: Rund um die Blütenmitte werden Teigplättchen versetzt unten angelegt und oben leicht nach außen gebogen.

rund sind. Versuchen Sie beide Methoden — dann können Sie selbst entscheiden, wie Sie am besten zurechtkommen.

> **Der besondere Rat:** Später, wenn Sie die Arbeitstechnik gut beherrschen, ist es erfahrungsgemäß nicht mehr unbedingt notwendig, zuerst die Teigplättchen auszustechen. Es genügt, wenn Sie kleine Kügelchen rollen, plattdrücken und dann in der beschriebenen Weise vorgehen.

Auch hier gilt: Übung macht den Meister. Nur selten ist ein Anfänger mit seiner „echten" Rose auf Anhieb zufrieden. Aber vielleicht sind gerade Sie die große Ausnahme.

Zum guten Schluß noch zwei von vielen Möglichkeiten, die Rosen ins rechte Licht zu rücken. Einmal ein Einzelexemplar als Dekoration auf einem Wandteller oder Rosensträuße, die nie verwelken. Entweder „solo" als Geschenkanhänger und liebenswertes Mitbringsel oder ebenfalls als Wandteller auf einer ausgestochenen ovalen Grundplatte mit einer Teigwurst als Rahmen.

Als Rosenstiele rollen Sie dünne Teigwürstchen und ordnen die schon bekannten Blätter an. Auf die Schleife kommen wir noch im Kapitel über die Kränze zu sprechen.

Nochmal zur Erinnerung: Wenn

Sie bei Wandschmuck ein Bändchen zum Aufhängen durchziehen wollen — Loch nicht vergessen.

5. Schritt: Schlingen und Flechten

Kränze — Zöpfe — Herzen

Rollen Sie mit gespreizten Fingern 2 gleich lange und gleich dicke Teigwürste, die nebeneinander auf die Arbeitsfläche gelegt werden. Es empfiehlt sich, gleich auf dem mit Backpapier ausgelegten Blech zu arbeiten, damit beim Transport zum

Backofen nichts mehr schiefgeht. Für ein gutes Ergebnis beim Schlingen und Flechten ist die Konsistenz des Teigs besonders wichtig. Er muß etwas trockener sein als sonst. Kneten Sie deshalb lieber etwas mehr Mehl ein. Es dürfen aber keine Mehlklumpen entstehen. Ob der Teig richtig ist, können Sie ganz einfach testen: Rollen Sie eine „Probewurst" und halten diese an einem Ende hoch. Wenn sie gleich zieht, immer dünner wird oder gar reißt, ist der Teig noch nicht stabil genug. Kneten Sie dann noch etwas Mehl unter. Der Teig hat die richtige Festigkeit, wenn Ihre Probewurst für circa 20 Sekunden die Form behält. Dann können Sie sich ans Schlingen und Flechten heranwagen.

> **Der besondere Rat:** Legen Sie die beiden Teigwürste in der Mitte über Kreuz und schlingen diese dann jeweils nach beiden Seiten umeinander. Sie verhindern so, daß die Teigwürste immer dünner werden oder einreißen.

Den fertig geschlungenen Teigstrang legen Sie nun zum Kreis und drücken die Enden fest aneinander, eventuell die Teigenden mit einem Küchenmesser geradeschneiden und etwas anfeuchten. Die Übergangsstelle dekorieren Sie nun mit Blättern,

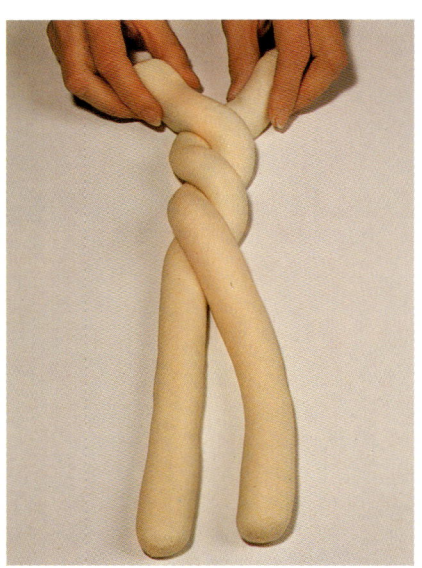

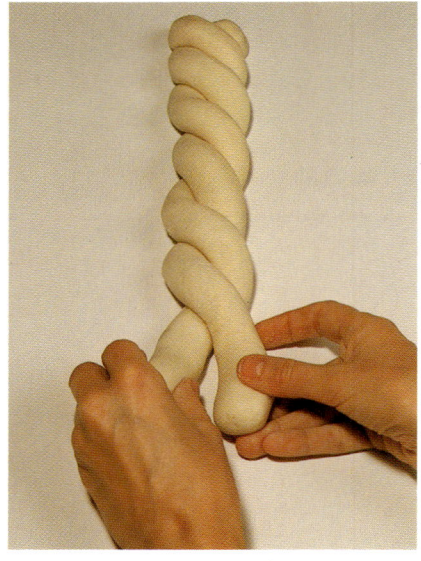

2 gleiche Teigwürste werden in der Mitte über Kreuz gelegt und von da nach einer Seite umeinandergeschlungen. Anschließend wird die andere Seite fertiggeschlungen.

Blüten, Rosen, Obst — wie es Ihnen gefällt.
Eine hübsche Dekorationsmöglichkeit ist auch eine Schleife, wie unser Kranz mit den 3 roten Blüten zeigt. Rollen Sie 2 dünne, gleich lange Teigwürstchen, oder schneiden Sie schmale Teigstreifen und formen daraus die Schleifenbogen. Mit Daumen und Zeigefinger vorsichtig zurechtdrücken, damit es ganz natürlich aussieht. Die Schleifenbänder entstehen aus 2 Teigstreifen, die unten schräg abgeschnitten werden. Diese in der Mitte der Schleife anlegen und schwungvoll aufbiegen. Zum Schluß wird der Knoten modelliert, der auch gleichzeitig die Ansatzstelle verdeckt. Dafür wird ein kurzer Teigstreifen aufgelegt und mit Daumen und Zeigefinger leicht zusammengedrückt. Zum Schluß mit dem Modellierstäbchen Falten eindrücken.

Trockenblumen und Gewürze lassen sich ebenfalls sehr gut zum Ausschmücken verwenden. Hübsch sieht es auch aus, wenn Sie den Kranz nicht nur an einer Stelle verzieren, sondern rundherum Blumen- oder Obstarrangements verteilen. Allerdings so, daß die geschlungene Grundform noch zu sehen ist. Wenn Sie einen über und über verzierten Kranz arbeiten möchten, genügt es, wenn Sie als Grundform lediglich einen Ring ausstechen.

Der besondere Rat: Wenn Ihr Kranz, Zopf oder Herz in der Zeit, in der Sie Ihre Blüten und Blätter formen, an der Oberfläche etwas trocken geworden ist, feuchten Sie das aufzulegende Teil an. Bitte nicht den Kranz anfeuchten, es entstehen sonst beim Bakken unterschiedliche Brauntöne durch Wasserflecke.

Der geflochtene Kranz und der Zopf: Die Arbeitstechnik ist die gleiche wie beim geschlungenen Kranz. Sie arbeiten jetzt nur mit 3 gleich langen und gleich dicken Teigwürsten, die Sie nebeneinander vor sich liegen haben.
Beginnen Sie wieder in der Mitte und flechten dann jeweils nach oben und unten. Man kann den geflochtenen Teigstrang jetzt in der geraden Zopfform lassen oder wieder zum Kreis formen, zusammendrücken und nach Belieben dekorieren.

Das Herz: Um die Herzform entstehen zu lassen, drücken Sie Ihren geschlungenen oder geflochtenen Kranz an der Übergangsstelle etwas nach innen. Mit Daumen und Zeigefinger arbeiten Sie vorsichtig die Herzspitze heraus.

Möglichkeiten zum Aufhängen der Kränze, Zöpfe und Herzen: Eine sehr dekorative Möglichkeit Kränze aufzuhängen, sind hübsche Bänder und rustikale Borten, die auch gleichzeitig die

Durchmesser 17 cm

Übergangsstelle verdecken können.

Eine andere Möglichkeit ist das Eindrücken eines Aufhängers in den weichen Teig. Man biegt dafür eine Büroklammer oder Bindedraht so zurecht, wie es die Zeichnung zeigt. Diesen Aufhänger drücken Sie in der oberen Mitte des Kranzes so tief in den Teig, daß nur noch die Öse herausschaut. Der Teig muß fest an den Aufhänger angedrückt werden, damit er nach dem Backen nicht herausrutschen und das Gewicht des Kranzes halten kann. Diese Methode ist auch bei Zöpfen und Herzformen zu empfehlen. Bei kleineren und leichteren Kränzen, Zöpfen und Herzen kann man nachträglich Bildaufhänger ankleben. Die Tragefähigkeit dieser Bildaufhänger ist auf manchen Packungen angegeben. Herma-Aufhänger Nr. 5752 haben zum Beispiel eine Tragefähigkeit von circa 800 g. Machen

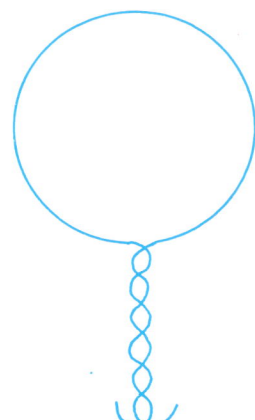

Eine Öse biegen, den Draht gegeneinander drehen und die Enden aufbiegen.

Sie bei Ihrem Salzteig-Wandschmuck also 'mal eine Gewichtskontrolle.

Bei ganz kleinen Kränzchen kann man auch einen der Teigstränge oben zur Öse ausarbeiten. Diese Methode ist aber nur bei wirklich kleinen Kränzchen zu empfehlen. Unser „Kranz-Winzling" hat zum Beispiel einen Durchmesser von nur 4 cm.

6. Schritt: Aufbau auf Grundformen

Körbchen

Rollen Sie den Salzteig circa 1 cm dick aus. Die Grundform für das Körbchen schneiden Sie entweder nach Schablone oder gleich aus freier Hand aus. Für den Henkel wird eine Teigwurst gerollt und an das Körbchen angedrückt. Übergänge vorsichtig verstreichen. Sehr viel hübscher sieht es allerdings aus, wenn der Henkel aus 2 miteinander verschlungenen Teigwürsten besteht. Jetzt gibt es verschiedene Möglichkeiten, die Struktur des Körbchens zu gestalten. Ganz einfach, aber sehr wirkungsvoll sind diagonale Linien, die mit dem Lineal eingedrückt werden, wie bei unserem Rosenkörbchen. Auch durch Eindrücke mit der Gabel können Sie ein hübsches Muster andeuten. Das Obstkörbchen wurde auf diese Weise strukturiert.

Ein bißchen mehr Mühe macht das zusätzlich aufgelegte Korbgeflecht des Blumenkörbchens.

Der besondere Rat: Bevor Sie das Korbgeflecht auflegen, markieren Sie sich mit dem Lineal die Linien. Um einen schönen Kontrast zu erzielen, legen Sie ein Geflecht aus gefärbtem Teig auf die naturbelassene Körbchen-Grundform.

Das Geflecht unseres Blumenkörbchens wurde aus mit Zimt gefärbtem Teig gearbeitet. Rollen Sie dünne Teigwürstchen und legen diese gitterförmig auf die markierten Linien. Überstehende Enden schneiden Sie vorsichtig mit einem Küchenmesser ab. Etwas dickere Teigröllchen werden zum Schluß um das ganze Körbchen herumgelegt. Wenn es Ihnen gefällt, können Sie zusätzlich auch noch den geschlungenen Henkel mit ganz dünnen gefärbten Teigwürstchen verzieren.

Sehr plastisch wirkt auch die Struktur des Korb-Blumentopfes. Die Grundform wird wieder aus ausgerolltem Teig ausgeschnitten. Dann rollen Sie circa 2,5 cm lange dünne Teigwürstchen, die oben und an den Enden vorsichtig mit Daumen und Zeigefinger zusammengedrückt werden. Je nach Größe und Form Ihres Körbchens arbeiten Sie sich am besten eine gewisse Anzahl dieser Teigwürstchen vor und ordnen diese in einem Arbeitsgang versetzt auf Ihrer Grundform an. Zusätzlich kann man den Blumentopf oben und unten noch mit verschlungenen Teigwürsten verzieren, in die mit dem Modellierstäbchen Vertiefungen hineingedrückt werden.

Nun können wir uns dem Inhalt der Körbchen und Korb-Blumentöpfe zuwenden. Lassen Sie Ihrer Phantasie wieder freien Lauf. Es ist alles erlaubt: Blüten, Blätter, Beeren, Obst, Trockenblumen. Unsere Beispiele sollen und können nur Anregungen für Sie sein.

Der besondere Rat: Bei so üppigen Inhalten, wie sie unsere Blumen- und Obstkörbchen aufweisen, ist es notwendig, eine kleine Platte aus Teig unterzulegen, auf der Sie dann aufbauen (siehe Zeichnung).

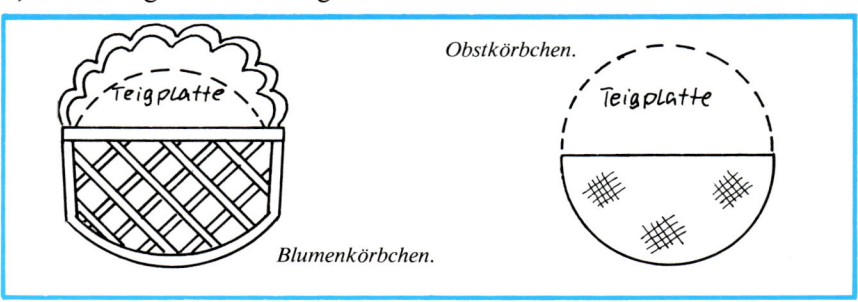

Blumenkörbchen. Obstkörbchen.

Durch diese Maßnahme kann der Korbinhalt nicht nach hinten kippen und alles wirkt schön „füllig". Sie müssen nur darauf achten, daß die Teigunterlage nicht mehr zu sehen ist. Also alle Lücken schön ausfüllen. Das Abstützen mit Teig ist ohnehin immer dann erforderlich, wenn Ihre Dekorationen nach hinten zu kippen drohen. Sie werden es selbst sehr schnell beim Modellieren merken, wo dieser kleine Kniff angewendet werden muß. Die Blätter unseres Rosenkörbchens zum Beispiel würden ohne Teigstütze ziemlich welk nach hinten hängen. Im Kapitel „Ausschneiden mit Hilfe von Schablonen" wurde diese Maßnahme auch schon am Beispiel der Katze im Fensterrahmen erwähnt.

Wenn Sie auf Ihrem Obstkörbchen auch Walnüsse mögen, müssen Sie aus zimtgefärbtem Teig kleine Kugeln rollen und mit dem Modellierstäbchen eine Kerbe und kleine Punkte hineindrücken. Zum Schluß drücken Sie die Kugel vorsichtig mit Zeigefinger und Daumen oben und unten zusammen, so daß ein leichtes Oval entsteht. Mit Hilfe des Modellierstäbchens plazieren Sie dann die kleinen Dinger auf Ihrem Obstkörbchen. Sind übrigens sehr gut als „Lückenbüßer" geeignet.

Die Trockenblumen können Sie gleich in den weichen Teig drücken und mitbacken (Backtemperatur beachten!). Wenn Ihr Körbchen eine schöne Brauntönung haben soll, empfiehlt es sich, den Teig mit Zimt oder Kaffee zu färben, da wegen der Trockenblumen nur mit niedriger Temperatur gebacken werden darf, so daß durch den Backvorgang keine Brauntönung erzielt werden kann.

Um den mitgebackenen Trockenblumen noch festeren Halt zu geben, kleben Sie ein zurechtgeschnittenes Stück Filz auf die Rückseite des Körbchens. Verdeckt auch eventuell aus dem Teig etwas herausstehende Stiele.

Es ist nicht nötig, sich extra Bastlerfilz zu besorgen. Haushaltstücher zum Polieren und Staubwischen, die in jedem Supermarkt erhältlich sind, erfüllen den gleichen Zweck und sind viel preiswerter.

Bäume

Zuerst wird aus einer etwas plattgedrückten Teigwurst ein Stamm geformt und mit dem Modellierstäbchen aufgerauht. Den Wurzelansatz formen Sie gleich mit, indem Sie den Teig rechts und links zur Seite ziehen und dann mit beiden Daumen von unten dagegendrücken, damit es ganz plastisch wirkt.

Anschließend kommt die Baumkrone an die Reihe. Es gibt ver-

schiedene Möglichkeiten, diese zu gestalten. Die einfachste Methode, die Ihnen schon vom Strauch her bekannt ist, zeigt der Baum mit den gelben Blüten. Rollen Sie eine größere Kugel und drücken diese bis auf circa 1 1/2 cm platt. Nun wird mit dem Finger in diese plattgedrückte Kugel hinein- und von außen dagegengedrückt. Die so gestaltete Baumkrone drücken Sie nun fest an den Stamm. Jetzt können Sie zusätzlich noch dekorieren, entweder mit Salzteigblüten und -obst oder auch mit kleinen Trockenblümchen.

Für eine hübsche Abwandlung dieser Methode drücken Sie die Kugel nicht ganz platt, sondern lassen Sie diese etwas halbkugelförmig. Nun rauhen Sie diese Baumkrone mit dem Modellierstäbchen auf, indem Sie in den Teig hineindrücken und diesen dann leicht hochziehen. Verpassen Sie diesem hübschen Bäumchen doch auch gleich den richtigen Rahmen, passend zur Rindenstruktur des Stammes, wie es unsere Abbildung zeigt. Macht sich sehr gut als Wand- oder Fensterschmuck.

Die beiden Bäume mit den Kirschen und den Walnüssen wurden aus ,,platten'' Blättern gestaltet. Zunächst wird wieder der Stamm mit Wurzelansatz geformt und aufgerauht. Anschließend werden unterschiedlich lange, plattgedrückte Teigwürste als Äste angelegt. Auf diesen Ästen ordnen Sie nun die Blätter an, immer schön hintereinander. Ob Sie oben oder unten anfangen, spielt bei den platten Blättern keine Rolle. Wenn alle Äste belegt sind und Sie trotzdem noch Lücken entdecken, füllen Sie einfach mit Blättern auf. Auch hier kann man wieder zusätzliche Dekorationen anbringen.

Bleiben wir gleich bei den Blättern. Eine wahre Fleißarbeit, aber auch ein Prachtstück ist der große Blätterbaum. Er ist circa 26 cm hoch, davon entfallen auf den Stamm mit Wurzelansatz 10 cm. Hier wird mit der Wiese angefangen. Schneiden Sie aus einem ausgerollten Stück Teig mit einem spitzen Küchenmesser Zacken heraus, drücken die Spitzen zusammen und ritzen anschließend mit dem Modellierstäbchen Längsrillen hinein.

Dann wird aus einer halbkugelförmigen — im Gegensatz zu einer plattgedrückten — Teigwurst der Baumstamm geformt, der mit seinem Wurzelansatz auf der Wiese aufliegt. Die Rindenstruktur wird wieder mit dem Modellierstäbchen eingeritzt. Für die Baumkrone müssen Sie sich zunächst eine Grundplatte herstellen. Rollen Sie den Teig circa 1 cm dick aus und schneiden entweder aus freier Hand oder nach Schablone eine leicht unregelmäßige Baumkrone aus.

Der besondere Rat: Drücken Sie den Teig der Grundplatte von den Seiten vorsichtig zur Mitte zu, so daß die Baumkrone an dieser Stelle etwas höher ist.

Durch diesen kleinen Trick bekommt auch die Baumkrone eine leichte Halbkugelform und wirkt viel natürlicher. Jetzt beginnt das Blätter-Auflegen. Diesmal sind es die „gestellten" Blätter, die an der Spitze zusammengedrückt werden. Bei diesen Blättern müssen Sie oben bzw. außen mit dem Aufbau beginnen, jedoch nicht wie bei Zinnsoldaten in Reih und Glied, sondern ganz natürlich, die Blattspitze mal nach rechts und links, mal nach oben und unten.

Haben Sie schon das Vogelnest entdeckt? Wenn Sie in Ihrer Baumkrone auch eine Vogelfamilie beherbergen möchten, rollen Sie eine kleinere Kugel, die Sie etwas plattdrücken, mit einem spitzen Küchenmesser halbieren und mit dem Modellierstäbchen aufrauhen. Dieses Vogelnest drücken Sie dann an der gewünschten Stelle auf die Grundform der Baumkrone. Wenn im Vogelnest gerade jemand zu Hause sein soll, rollen Sie 2 kleine Kugeln als Vogelköpfchen und lassen diese aus dem Nest herausschauen. Die Schnäbelchen werden aus einem

Ein dekorativer Wandschmuck. Der Rahmen paßt zur Rindenstruktur des Baumstamms.

kleinen Teigstückchen geformt, ebenso die Augen, die aus winzig kleinen Teigkügelchen bestehen. Sie können aber auch Senf- oder Pfefferkörner eindrücken. Nachdem nun das Vogelheim bewohnt ist, machen Sie rundherum mit den Blättern weiter.

Zum Schluß noch eine Möglichkeit, die Baumkrone effektvoll zu gestalten. Zunächst formen Sie wieder einen Stamm mit eingedrückten Längsrillen und drücken eine Grundplatte als Baumkrone an. Diese Grundplatte verzieren Sie mit Teig-Spaghetti aus der Knoblauchpresse und zwar ganz üppig. Von der Grundplatte darf nichts mehr zu sehen sein, auch nicht am Rand.

Der besondere Rat: Erfahrungsgemäß fallen diese Teig-Spaghetti nicht immer von allein aus der Knoblauchpresse. Nehmen Sie dann ruhig eine Schere zu Hilfe.

Mit dem Modellierstäbchen geben Sie dem Gewirr dann noch den letzten Schliff.

7. Schritt: Menschliche Figuren

Aufbau einer Puppe

Nachdem wir nun die verschiedensten Gestaltungsmöglichkeiten mit Salzteig kennengelernt haben, fehlen uns eigentlich nur noch die menschlichen Figuren: Omas und Opas, Bäuerinnen, Clowns, Trachtenpuppen, Märchenfiguren — auch hier kann sich die Phantasie wieder austoben. Die Variationen ergeben sich hauptsächlich aus Kleidung, Frisur und Zubehör.

Der besondere Rat: Wenn Sie Puppen herstellen möchten, muß der Teig wieder etwas trockener sein — und auf keinen Fall den Tapetenkleister weglassen.

Die Grundform einer Puppe — der Kopf und der Körper — wird immer auf die gleiche Weise hergestellt. Man beginnt mit dem *Kopf,* der aus einer Teigkugel besteht. Der *Körper* wird aus einer leicht kegelförmigen Teigwurst geformt, die an den Kopf angedrückt wird. Den unteren Teil des Körpers schneiden Sie nun in der Mitte ein und formen die *Beine.* Wenn Ihre Puppe überhaupt kein Bein zeigen soll, sondern einen bodenlangen schwingenden Rock tragen wird, ist es nicht nötig, Beine zu formen. Es genügt dann, später beim Ankleiden der Puppe, lediglich Schuhe unter dem Rock oder Kleid hervorschauen zu lassen.

Für die *Arme* rollen Sie 2 Teigwürste, die nach oben hin etwas schmaler werden. Drücken Sie unten in den Arm eine kleine

Vertiefung als Ärmelloch. Ob Sie die Arme nun gleich an den Körper drücken, hängt von der Bekleidung ab. Unserem Trachtenjungen wurde erst die Jacke angezogen, dann wurden die Arme angedrückt. Dem Blumenmädchen wurden die Arme gleich an den Körper gedrückt, dann wurde die Jacke mit Schulterklappen angezogen.

In dieser Phase — also Kopf, Körper, Beine und eventuell Arme — kleiden wir die Puppe an. Für die *Kleidung* rollen Sie den Teig circa 2 mm dünn aus. Jetzt können Sie Schneiderin spielen (vielleicht sind Sie es sogar), am Puppenkörper Maß nehmen und Schablonen für die Kleidung herstellen oder nach Augenmaß aus dem ausgerollten Teig ausschneiden. Für den Rock schneiden Sie einen Halbkreis aus, legen diesen leicht in Falten und drücken ihn auf die Taille. Wenn Ihre Puppe Anflüge von Übergewicht zeigt, drücken Sie den Körper in der Taillengegend etwas zusammen und legen dann den Rock auf. Den Rocksaum biegen Sie an verschiedenen Stellen schwungvoll nach oben.

Der besondere Rat: Wenn Ihre schwungvoll aufgebogenen Rocksäume nicht halten wollen, stützen Sie mit Spritzbeuteltüllen so lange ab, bis der Teig etwas getrocknet ist.

Der Puppenkörper

Der Puppenkörper wird angekleidet

Ein hübscher Rocksaum entsteht auch, wenn Sie mit einer Zackenschere ausschneiden.

Beim Modellieren von menschlichen Figuren kommt es besonders darauf an, der Kleidung, ganz gleich ob Rock, Kleid, Jacke, Hose oder Hut, den richtigen Schwung zu geben. Die Kleidung sollte nicht platt auf dem Körper aufliegen. Das nimmt der Puppe jeglichen Reiz. Der Gürtel und die Gürtelschnalle wurden aus schmalen Teigstreifen hergestellt. Der Jacke geben Sie ebenfalls den nötigen Schwung, indem Sie die Ecken leicht nach oben biegen. Eine Schleife und die Schulterklappen (2 kleinere Halbkreise) sorgen für den modischen Pfiff.

Nachdem nun die Kleidung tipptopp sitzt, geben Sie den Armen die endgültige natürliche Haltung: eventuell noch etwas anwinkeln und mit dem Modellierstäbchen einige Kerben in die Ellenbeuge drücken.

Jetzt kommen die *Hände* an die Reihe. Sie werden aus kleinen Teigkugeln geformt. Um Finger anzudeuten, können Sie die Teigkugel auch dreimal einkerben. Die Hände schieben Sie dann in das Ärmelloch — falls erforderlich vorsichtig befeuchten.

Unserer Puppe haben wir ein paar Blümchen in die Hand gedrückt. Es empfiehlt sich, nur die Vertiefung für die Blümchen in die Hand hineinzudrücken und diese nicht mitzubacken. Sie stören später beim Bemalen des Rocks. Lassen Sie das arme Kind also erst einmal mit leeren Händen dastehen, malen ihm ungehindert den Rock bunt und kleben die Blümchen dann nachträglich in die Vertiefung.

Die Teigkugeln für die *Schuhe* kerben Sie in der Mitte etwas ein und biegen den vorderen Teil etwas hoch. Achten Sie darauf, daß die Schuhe nicht zu klobig werden.

Zum Schluß müssen wir uns noch um das Glatzköpfchen kümmern. *Haare* lassen sich auf vielerlei Art herstellen: mit Teig-Spaghetti aus der Knoblauchpresse, wie bei unserem Blumenmädchen oder mit aufgerauhten Teigstückchen. Sie können auch richtige Frisuren formen, zum Beispiel Zöpfe aus langen dünnen Teigwürstchen, Pferdeschwänze und Haarknötchen aus aufgerauhten Teigkügelchen.

Lange Haare entstehen, wenn Sie dünn ausgerollten Teig am Kopf anlegen, rechts und links herunterhängen lassen und mit dem Modellierstäbchen Rillen und Scheitel eindrücken.

Augen und *Mund* können Sie nach dem Backen und Auskühlen aufmalen oder gleich mit dem Zahnstocher eindrücken. Senf-

oder Pfefferkörner eignen sich ebenfalls als Augen.

Der Trachtenjunge entsteht in seiner Grundform genauso wie das Blumenmädchen. Hier wird nur, wie schon erwähnt, erst die Jacke angezogen, um den Körper herumgelegt und schwungvoll aufgebogen. Dann drücken Sie die Arme an. Die Jacke zieren Knöpfe und eine Tasche. Die Krawatte schneiden Sie aus dünn ausgerolltem Teig zurecht und verzieren sie durch Eindrücke mit einem Strohhalm. Die Hosen entstehen ebenfalls aus ausgerolltem Teig und werden unten etwas hochgebogen. Für den Hut rollen Sie eine Teigkugel, die vorn etwas zusammengedrückt und hochgebogen wird. Unter dem Hut schauen wieder Haare aus der Knoblauchpresse hervor.
Die Möglichkeiten zum Aufhängen dieser Puppen sind die gleichen wie bei den Kränzen, Zöpfen und Herzen: zurechtgebogene Aufhänger aus Büroklammern oder feinem Bindedraht, die oben in den Kopf gedrückt werden oder, bei kleineren Figuren, nachträglich angeklebte Bildaufhänger.

Eine weitere hübsche Möglichkeit ist das Modellieren der Puppen auf ausgestochenen runden oder ovalen Grundplatten aus Teig, in die Sie ein Loch stechen und nach dem Backen ein passendes Band durchziehen.

8. Schritt: Backen und Bräunen

Wir lernen das richtige Trocknen und Backen

Ein heikles Thema! Heikel deshalb, weil Sie jetzt noch einmal Gelegenheit haben, Ihre Kunstwerke aus Salzteig durch falsches Backen zu verderben. Und das wäre doch schade nach all' der Mühe. Also muß dieses Kapitel die ,,Katastrophe hinter der Backofentür" verhindern helfen. An dieser Stelle könnte jetzt eine Tabelle folgen, bei wieviel cm Teigdicke Sie wie lange backen müssen und bei wieviel Grad. Vergessen Sie es. Schauen Sie nicht auf Tabellen (hier werden Sie auch keine finden) und nicht auf die Uhr, wann Sie wieder eine andere Temperatur einstellen müssen — schauen Sie stattdessen lieber öfter in den Backofen und behalten den Trocken- bzw. Backvorgang im Auge. Das ist erfahrungsgemäß immer noch die sicherste Methode. Wenn Sie dann noch folgende Faustregel beachten, dürfte eigentlich nichts mehr schiefgehen.

> Der Backvorgang läuft in 3 Phasen ab:
> 1. Phase: Trocknen
> 2. Phase: Durchbacken
> 3. Phase: Bräunen.

Das *Trocknen* erfolgt in der

ersten 1/2 Stunde. Schalten Sie Ihren Herd — ganz gleich ob Gas- oder Elektroherd — auf die niedrigste Stufe und lassen Sie zusätzlich die Ofentür einen Spalt offen. Der Trockenvorgang muß ganz langsam erfolgen. Schauen Sie in dieser 1. Phase besonders oft nach Ihren Salzteigfiguren. Es können sich jetzt Backblasen bilden, die in diesem Stadium noch problemlos weggedrückt werden können. Scheuen Sie sich auch nicht, vorsichtig mit einer Stecknadel in die Blasen hineinzustechen, damit die Luft entweichen kann. Wenn sich keine Blasen mehr bilden und die Oberfläche abgetrocknet ist, beginnt das *Durchbacken* bei Mittelhitze. Die Ofentür können Sie jetzt schließen. Schalten Sie jetzt bitte nicht auf eine zu hohe Temperatur, um den Backvorgang zu beschleunigen. Häßliche Risse auf der Rückseite der Figuren wären die Folge.

Der besondere Rat: Backen Sie Ihre Salzteigfiguren nach der Trocknungsphase langsam bei Mittelhitze durch.

Während dieser Phase ist es nicht mehr nötig, alle 5 Minuten nachzusehen, was im Ofen vor sich geht. Bis eine Salzteigfigur ganz

Schwache Bräunung   *Intensive Bräunung*

Luftgetrocknet   *stärkere Bräunung*

durchgebacken ist, vergeht schon einige Zeit. Anhaltspunkte: Kleine Anhänger benötigen circa eine 3/4 Stunde, ein geflochtener Kranz mit einem Durchmesser von circa 17 cm benötigt schon 3-4 Stunden. Also nicht die Geduld verlieren. Hin und wieder können Sie testen, wie weit der Backvorgang fortgeschritten ist. Klopfen Sie mit dem Fingernagel gegen Ihre Figuren. Gibt es einen dumpfen Ton, müssen Sie die Backzeit verlängern. Erst wenn es ,,tönern" klingt, ist die Salzteigfigur ganz durchgebacken.

Wenn Ihnen die zwischenzeitlich erreichte Bräunung nicht intensiv genug ist, folgt jetzt die 3. Phase: das *Bräunen*. Schalten Sie die Temperatur kurzfristig höher und schauen Sie nun wieder öfter nach, damit Ihnen nichts verbrennt und Sie den gewünschten Bräunungsgrad nicht verpassen. Dann die Salzteigfiguren aus dem Ofen herausnehmen, auskühlen lassen und vom Backpapier lösen. Na, hat's geklappt?

Der besondere Rat: Um bei größeren und dickeren Motiven Gas- bzw. Stromkosten zu sparen, bietet sich die *kombinierte Methode* an: einige Tage lufttrocknen, dann endgültiges Durchbacken bei Mittelhitze im Backofen.

Das *Lufttrocknen* ist nur bei kleineren und flachen Figuren zu empfehlen. Ihre Geduld würde sonst auf eine zu harte Probe gestellt. Außerdem behalten luftgetrocknete Figuren natürlich die weiß-graue Farbe des Salzteigs.

Nochmal zur Erinnerung: Bei Figuren, die mit Gewürzen oder Trockenblumen verziert sind und bei Figuren aus gefärbtem Teig darf die Backtemperatur nicht höher als 125° C sein, da sonst die Farben leiden.

Wir erzielen bestimmte Farbeffekte beim Backvorgang

Ganz besonders effektvolle Farbtöne ergeben sich, wenn Sie Ihre Salzteigfiguren während der Bräunungsphase zusätzlich mit *Speiseöl* oder *Milch* einpinseln. Behalten Sie auch hier den Bräunungsvorgang im Auge.

Sehr wirkungsvoll sind unterschiedliche Brauntöne, wie bei unserem Zopf auf Seite 31, der am unteren Ende ganz stark gebräunt und nach oben hin heller ist.

Um diesen Effekt zu erzielen, müssen Sie die Stellen, die nicht mehr bräunen sollen, mit Alufolie abdecken.

Sie können sich in diesem Fall aber auch die unterschiedliche Bräunung durch die bis jetzt streng verpönten Wasserflecke zunutze machen. Bepinseln Sie die Stellen, die etwas stärker bräunen sollen, mit Wasser. Falls erforderlich, mehrmals wiederholen.

9. Schritt:
Wir greifen zu
Pinsel und Farbe

Bemalen und Lackieren

Unter den Salzteigkünstlern gibt es eine Gruppe, die das Bemalen von Salzteigfiguren strikt ablehnt, um das Ursprüngliche, das Typische des naturbelassenen Salzteigs nicht zu schmälern.
Richtig ist natürlich, daß sehr viele Motive naturbelassen am schönsten sind. Allein schon die durch das Backen und Bräunen entstehenden Farbeffekte sind oft so wirkungsvoll, daß es schade wäre, zusätzlich noch zu bemalen.
Zu verbissen sollte man die Frage: Bemalen — Ja oder Nein? allerdings nicht sehen. Machen Sie die Entscheidung von Ihrem persönlichen Geschmack und vom Motiv abhängig. Oder können Sie einem Kind erklären, warum zum Beispiel ein Clown nicht bunt angezogen ist? Also — bei manchen Motiven ist der Mut zur Farbe einfach notwendig.
Bevor Sie beginnen, müssen die Figuren natürlich ganz ausgekühlt sein. Zum *Bemalen* können Sie schlichte Wasserfarben oder die gut deckenden Acrylfarben nehmen. Bei den Wasserfarben müssen Sie nur beachten, daß diese etwas in den Salzteig einziehen. Um dies zu verhindern, kann man vorher mit Deckweiß grundieren. Erfahrungsgemäß ist diese Maßnahme aber nicht nötig, wenn Sie mehrmals kräftig überpinseln.
Das *Lackieren* hat nicht nur einen optischen Grund, sondern auch einen praktischen. Es schützt die Salzteigfiguren gegen Feuchtigkeit und macht sie noch haltbarer — Rückseite deshalb bitte mitlackieren. Ob Sie es hochglänzend oder mattglänzend mögen, hängt wiederum von Ihrem persönlichen Geschmack ab. Der Hobbyhandel hält eine große Auswahl an Lacken bereit: Pelikan Klarlack oder Lukas Klarlack zum Beispiel.
Dünnflüssige Lacke, wie der Lukas Klarlack, ziehen mehr in den Teig ein. Wenn Sie es glänzender mögen, müßten Sie mehrmals lackieren. Bei dickflüssigen Lacken genügt meistens ein einmaliges Lackieren.

Der besondere Rat: Verzierungen aus Trockenblumen, Mohnkapseln, Eicheln usw. erhalten ebenfalls eine Schutzschicht, wenn Sie Sprühlack verwenden.

II. Teil

Wenn es bis hier geklappt hat:

Ideen für Fortgeschrittene

Kann man diesen lustig abstehenden Zöpfen, dem vorwitzig hervorlugenden Unterrock und dem fröhlichen Lachen widerstehen? — Eine von unzähligen Puppenvariationen.

Ein wundervolles Motiv. Auf einer Grundform werden Blätter und besonders sorgfältig und filigran geschwungene Rosen zu einem Strauß aufgebaut.

Pack ein die Wanderschuh' — ein origineller Wandschmuck oder ein individuelles Geschenk für jeden Wandervogel. Hier kommt es besonders darauf an, die Gehfalten und Ausbuchtungen plastisch herauszuarbeiten.

Die Hüte werden aus naturbelassenem und gefärbtem Teig kombiniert. Als Hutkrempe eine runde Platte schwungvoll aufbiegen. Anschließend eine Kugel in die Mitte der Platte setzen und eine schöne Hutform modellieren. Die Seitenansicht des Hutes wird aus einer Halbkugel gearbeitet.

Dieses Motiv konnten wir schon auf dem Titelbild bewundern. Mohn, Nelken, Linsen, Bohnen und Erbsen sowie Eindrücke mit dem Modellierstäbchen und einer Sternchentülle lassen das hübsche Federkleid entstehen.

Hier geht es ländlich zu. Wir dürfen einer fleißigen Magd bei der Melkarbeit zusehen. Ein originelles Motiv, das leuchtende Farben vertragen kann.

Bunt und lustig präsentiert sich der Freund aller Kinder. Die Grundform liefert eine Schablone.

Wie wär's mit einer nostalgischen Spazierfahrt? Eine Schablone liefert die genauen Umrisse. Dieser ausgefallene Wandschmuck sollte nicht platt aufliegen. Modellieren Sie die Kutsche mit allen ihren Details und das Pferd etwas halbrund. Noch ein Tip, wenn Sie ein ähnli-

ches Motiv planen: Drücken Sie dem Kutscher als Peitsche lieber ein Stöckchen mit einem angebundenen Schnürsenkel oder einer Kordel in die Hand. Die Peitsche aus Salzteig bricht sehr leicht ab.

Eine Schablone liefert die Umrisse. Als Sitzgelegenheit dient ein Aststückchen.

Die Umrisse dieser niedlichen Katze werden nach Schablone ausgeschnitten. Wichtig ist hier die Strukturierung des Katzenfells mit dem Modellierstäbchen. Für den Schnurrbart müßten Sie einige Besenborsten opfern.

Das Seepferdchen entsteht mit Hilfe einer Schablone. Für die Strukturierung wird die Teigoberfläche leicht zusammengedrückt.